Contraste insuffisant

NF Z 43-120-14

VALABLE POUR TOUT OU PARTIE

DU DOCUMENT REPRODUIT

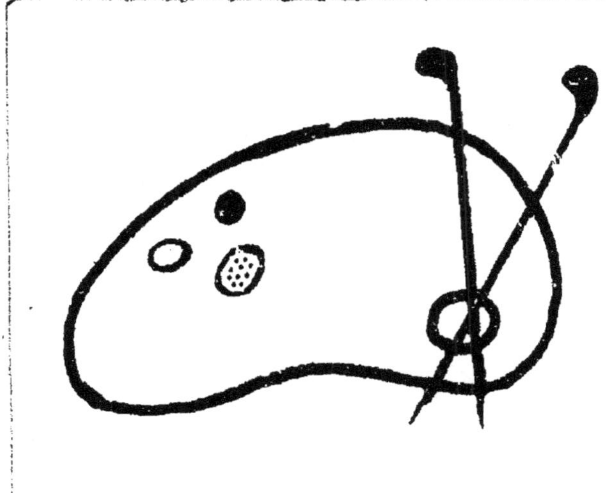

Début d'une série de documents
en couleur

COLLECTION ARTHUR SAVAÈTE A 0 FR. 75

olitique et Littérature, Arts, Sciences, Histoire, Philosophie et Religion

LA PROSCRIPTION

DES

Religieuses Enseignantes

PAR

Mgr Justin FÈVRE

Protonotaire apostolique

PARIS

ARTHUR SAVAÈTE ÉDITEUR

76, RUE DES SAINTS-PÈRES, 76

Couverture inférieure manquante

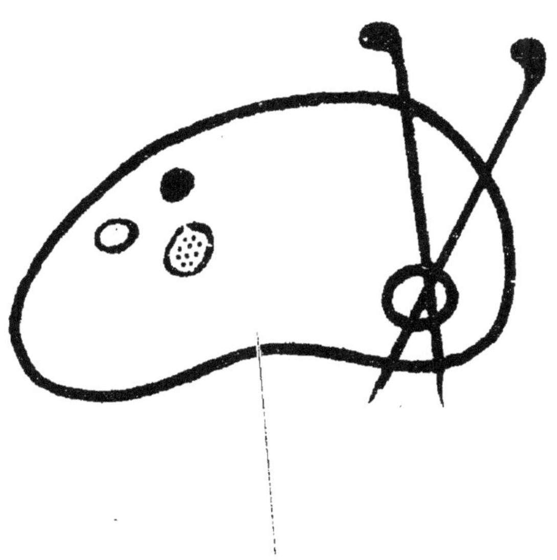

Fin d'une série de documents
en couleur

LA PROSCRIPTION

DES

Religieuses Enseignantes

Nᵒ 2.   COLLECTION ARTHUR SAVAÈTE A O FR. 75

Politique et Littérature, Arts, Sciences, Histoire, Philosophie et Religion

LA PROSCRIPTION

DES

Religieuses Enseignantes

PAR

Mgr Justin FÈVRE

Protonotaire apostolique

PARIS

ARTHUR SAVAÈTE ÉDITEUR

76, RUE DES SAINTS-PÈRES, 76

La proscription des Religieuses enseignantes.

Dans le cours de l'année 1902, le gouvernement de la République, — je ne dis pas le gouvernement français, — a donné, au monde chrétien, un scandale énorme. En vertu d'une loi sur les associations, il a tenté de détruire des associations religieuses ; en vertu de circulaires ministérielles et d'avis du Conseil d'Etat, qui n'ont légalement aucune valeur, il a fermé des écoles à la veille des vacances et expulsé de leur domicile des institutrices congréganistes. Des écoles, qui existaient depuis cinquante ans, ont été frappées d'interdit ; des propriétés, qui avaient des titulaires authentiques, ont été mises sous les scellés ; des femmes qui n'avaient commis ni crime, ni délit, qui n'avaient rendu que des services, qui possédaient le droit antérieur et supérieur, incessible et insaisissable, de rester chez elles et d'y exercer librement leur profession, ont été jetées dans la rue, avec défense de rester dans le pays d'où elles étaient chassées. Ces atrocités se sont commises au nom de ce qu'ils appellent la loi, parce qu'ils l'ont écrit sur le papier, pour s'autoriser à la violence ; cela s'est fait au nom de l'omnipotence de l'Etat, dans un pays où la Déclaration des droits de l'homme et du citoyen est la grande charte de la liberté ; et pendant que les prostituées ont libre pratique et jouissent, sous la protection de l'Etat républicain, du droit de se vendre, de ruiner les familles et d'empoisonner la nation, on a vu des religieuses proscrites, parce qu'elles ont fait vœu de virginité et qu'elles mettent leur héroïque vertu au service de toutes les misères. Cela s'est fait, dis-je, non pas chez les Caraïbes, non pas chez les anthropophages de l'Océanie, mais, en France, dans un pays où, il y a dix siècles, un roi déclarait qu'il n'y avait plus d'esclaves ; au sein d'une nation, autrefois très chrétienne, qui se croit à l'avant-garde du progrès, parce qu'elle a rejeté la royauté de Jésus-Christ.

« Je n'écris pas contre qui peut proscrire », disait Camille Desmoulins. Pour moi, soldat obscur de l'Eglise militante, j'écris contre les proscripteurs et j'estimerais moins digne la revendication de nos droits sacrés, si elle pouvait s'exercer sans péril. Mieux vaut mourir dans la guerre, que de voir, sans pousser un cri, la tyrannie au forum et l'abomination dans le lieu saint.

La *Revue du monde catholique* a publié, au nom du droit, une protestation contre la proscription des ordres religieux. Ici, contre la proscription des congrégations religieuses de femmes, ce n'est pas le droit que nous invoquons, c'est la pudeur. Dans un pays qui se dit libéral ; sous un régime où la liberté d'enseignement est inscrite dans la loi, quand existe pleinement la liberté du mal et des malfaiteurs, des citoyennes françaises n'ont plus le droit de garder même les petits enfants ; que dis-je, elles n'ont plus le droit de respirer l'air de la patrie ; elles doivent se condamner à l'exil pour garder le droit de servir Dieu comme elles l'entendent. Je dis que pour flétrir ces abominations, il est inutile d'en appeler au grand nom de droit, il suffit d'en appeler à la bonne foi, à la conscience, à l'honneur, à la pudeur.

Un pays où, au nom de la politique, il serait loisible de perpétrer publiquement, communément, impunément, de pareils attentats, serait un pays très malade et subirait une bien triste politique. Notre intention, ici, n'est pas d'éveiller ou de provoquer les protestations de la conscience publique ; mais de constater, en présence de ces excès, l'attitude de l'épiscopat. Cet article ne comporte aucune critique ; il est, tout simplement, un rapport de statistique. Les faits, bien constatés, portent leur enseignement.

Mais d'abord quelle est, dans l'Eglise, la situation des ordres religieux?

Les ordres religieux n'appartiennent pas à l'*essence* de l'Eglise, mais à son *intégrité*. Cette distinction très juste, est de Suarez. L'Eglise, en effet, peut subsister sans ordres religieux ; elle subsistait telle à son berceau. Mais lorsqu'elle exerce régulièrement ses prérogatives et remplit, avec une pieuse fidélité, son divin mandat, elle ne peut pas subsister longtemps sans que sa loi et sa grâce produisent d'éminentes vertus, qui aiment à s'abriter sous les arceaux d'un cloître. A la différence de la Synagogue, l'Eglise chrétienne n'a pas que les dix préceptes du Décalogue ; elle a reçu, en plus, de Jésus-Christ, des conseils de perfection, intimés dans l'Evangile. Au sein d'un peuple où elle est établie, il doit naturellement se trouver, parmi les chrétiens, des zélateurs de la perfection. Cette perfection, il est naturel qu'elle s'inspire de l'esprit de pauvreté, de chasteté et d'obéissance ; il est, pour le moins, convenable et très désirable que la fidélité à ce triple esprit soit placée sous la garde d'un vœu ; enfin ceux qu'animent de pareils désirs doivent éprouver le besoin de se former en association particulière, en collège moral et mystique, pour la pratique spéciale de telle ou telle vertu, l'accomplissement de tel ou tel service.

A ce titre, comme tout se passe dans l'Eglise *honnêtement* et selon *l'ordre*, ces associations religieuses sont placées sous la protection du droit. Le *Corpus juris* a de nombreuses pages sur la vie religieuse. Les ermites, les cénobites, hommes ou femmes, grands ordres à vœux perpétuels ou simples congrégations à vœux renouvelables, ont leur législation propre. Le respect de ces lois est confié à la vigilance des supérieurs. Les supérieurs eux-mêmes relèvent souvent des évêques, et parfois exclusivement du Souverain Pontife. En tous cas, les ordres religieux forment l'un des corps de l'armée catholique ; ils ont des généraux à leur tête et ressortissent de l'Etat-Major de la Sainte Eglise. On dit le clergé *régulier* par opposition au clergé *séculier* ; mais ces deux clergés n'en font qu'un, et, quoiqu'elles n'aient reçu aucun ordre, les religieuses sont considérées comme en faisant partie.

Le Pape et les évêques sont les deux têtes actives, mais subordonnées, du clergé des deux ordres. Prétendre que la protection, et, au besoin, la défense des ordres religieux ne regarde pas les évêques, c'est à peu près comme si l'on disait que je peux tenir à l'un de mes bras ; mais que si l'on m'arrache l'autre, cette affaire est, pour moi, sans importance. Je vous en demande bien pardon : j'ai besoin de mes deux bras, l'Eglise aussi ; et l'Eglise serait manchote, si elle n'avait plus ses deux bras, je veux dire le clergé séculier et les ordres religieux.

Aussi, remarquez-le bien, tous les ennemis de l'Eglise, aujourd'hui, ont cette note caractéristique qu'ils veulent la détruire ; mais, pour la détruire, ils ne se bornent plus, comme autrefois, à corrompre les fidèles ; ils suivent le mot d'ordre de César à Pharsale, ils frappent au visage ; ou ils tombent immédiatement sur les évêques, ou ils s'ingénient à les vaincre, en les privant de leurs naturels défenseurs, les religieux et les prêtres séculiers. C'est le mot d'ordre donné par Luther, par Voltaire, par Frédéric de Prusse. D'aveugles princes l'ont adopté ; de bas sectaires, depuis Mirabeau, s'en font un programme de gouvernement. Impuissants par eux-mêmes à gouverner les peuples, parce qu'ils ne comprennent pas, ne soupçonnent même pas, les parties divines de l'autorité, au lieu de chercher à résoudre les problèmes que pose, à la sagesse humaine, le cours des temps, ils cherchent à dissimuler leur impuissance, en flattant les passions. L'appel aux passions pour les abuser, les égarer, les pousser à leur paroxysme, c'est la quintessence de leur politique.

Depuis l'avènement des nouvelles couches, soi-disant républicaines, au gouvernement de la France, cette tactique est de plus en plus le parti pris des Chambres, du Parlement et des Ministères. Sans doute, ils travaillent en vain puisqu'ils déploient leur hardiesse contre Dieu et contre son œuvre principale dans le temps, l'Eglise. Mais ils ne s'obstinent que davantage à la frapper, très sûrs que s'ils peuvent seulement la réduire à l'inaction ou la décourager de toute initiative militante, cela suffit à l'accomplissement des desseins homicides que Satan leur inspire. Ces fous furieux sont nos ennemis ; nous le voyons bien à leurs attentats et nous devons savoir qu'on ne triomphe d'eux qu'en se défendant, avec toutes les forces d'En-Haut.

I

Avant d'aborder l'objet de cet article, il faut rappeler les antécédents de la question.

Le 29 mars 1880, le *Journal Officiel* avait enregistré deux décrets : le premier contre les Jésuites seuls, le second contre les autres congrégations non autorisées d'hommes et de femmes.

Le premier supprimait la Compagnie de Jésus en lui laissant trois mois pour se dissoudre, délai prorogé jusqu'au 31 août pour les maisons d'éducation.

Le second portait que les autres congrégations seraient tenues, dans les trois mois, « de se pourvoir à l'effet d'obtenir la vérification et l'approbation de leurs statuts et la reconnaissance légale ». A l'égard des congrégations d'hommes, il serait statué par une loi ; pour celles de femmes, soit par une loi, soit par un décret. Toute congrégation ou communauté, n'ayant pas fait sa demande d'autorisation dans le délai imparti, encourrait l'*application des lois en vigueur* et serait dissoute. Enfin, celles dont le supérieur général résidait hors de France étaient prévenues que l'autorisation leur serait refusée.

En présence de ces faits et de ces menaces, quelle fut alors l'attitude des congrégations à Paris ?

Evidemment, ces décrets leur tendaient un piège ; à moins

d'être dépourvues du plus vulgaire bon sens, elles devaient le subodorer et en conjurer les machinations. L'hypocrite gouvernement, par ses organes dans la presse et par ses agents, disait partout : « Nous ne sommes pas les ennemis de l'Eglise catholique. Nous n'en voulons qu'aux Jésuites, avec une passion folle, peut-être, mais nous les considérons comme les ennemis irréconciliables de la société moderne, comme les adversaires acharnés du gouvernement. Nous égorgeons les Jésuites, pour nous défendre. Notre intention n'est pas de frapper les autres ordres religieux. Nous saurons même les protéger, pour peu qu'ils se conforment aux prescriptions de la loi. Nous ne voulons même pas sévir contre les Jésuites, pourvu qu'ils consentent à s'éclipser sans bruit. Soyez bien sages. Nous laisserons en paix les autres ordres religieux ; nous nous engageons même à autoriser les congrégations de femmes, sans recourir aux Chambres, par un simple décret rendu en Conseil d'Etat.

La proposition enfantine de ces petits Machiavels se bornait à dire : « Laissez-moi proscrire les Jésuites en paix et je vous proscrirai ensuite tranquillement ; du moins si vous êtes assez sots pour admettre que je veuille vous épargner. » Les religieux, qu'on dit si rusés, ne pouvaient pas être dupes d'une perfidie cousue de fil blanc. Dès que les décrets furent connus, ils se consultèrent entre eux et convinrent de s'assembler, ou au moins de se concerter pour prendre une commune détermination. Leurs représentants réunis se disaient : « En frappant les Jésuites, on nous vise tous ; nous sommes de même condition, nous sommes réservés aux mêmes attentats. C'est à l'Eglise catholique qu'on en veut ; on veut sa ruine ; nous sommes les premières victimes menées à l'échafaud. » C'était l'évidence même ; la sentence ne l'a que trop prouvé. L'accord si désirable pour le bien et l'avenir des Congrégations se fit donc par acclamation, à l'unanimité, sur ces deux points essentiels : *Union et pas de demandes de reconnaissance.* Tous les religieux présents à la réunion comprenaient que, plus on ferait corps compact, plus le gouvernement aurait à compter avec les futurs proscrits.

Le piège tendu dans la promesse d'autorisation étonne à première vue. Si quelqu'un venait vous offrir de vous autoriser à respirer l'air, à vous vêtir selon vos convenances, à habiter votre domicile, à aller et venir comme il vous plaît, à exercer telle profession qui vous conviendra, demanderiez-vous une autorisation ? — Non, pourquoi ? — Eh ! parce que demander une autorisation à quelqu'un, c'est supposer qu'il est votre maître, que vous dépendez absolument de lui, qu'il peut admettre ou rejeter votre pétition ; en d'autres termes, c'est vous dépouiller de votre droit privé et public ; c'est vous livrer à l'arbitraire, à la tyrannie. Avec un gouvernement respectable et de bonne foi, en supposant qu'il s'agit d'une simple formalité légale, on pourrait s'y prêter ; mais quand il s'agit d'une question de vie et de mort, vous seriez vraiment trop bon de fournir une corde pour vous étrangler. Qu'on nous en prie, c'est déjà d'une fière impudence.

Avec le parti qui se croit républicain, quand il n'est qu'un ramas de démagogues et de plats despotes, croire à la probité de ses sentiments, c'eût été un comble, mais de naïveté.

L'approbation, à supposer qu'elle fût accordée aux communautés qui l'auraient demandée, disait le P. Chocarne, provincial des Dominicains de Paris, serait : premièrement *inefficace*, parce que ce qu'un ministre peut permettre, un autre peut le défendre, et ainsi cette approbation manquera de toute garantie de durée ; secondement, *dangereuse*, parce qu'elle les priverait du bénéfice du droit commun, pour les livrer à l'arbitraire administratif.

Le P. Bousquet, supérieur général de la Congrégation des Sacrés-Cœurs, compléta les pensées du P. Chocarne.

Les religieuses, dit-il en résumé, ne peuvent que perdre en demandant l'approbation. Les congrégations de femmes, en effet, sont divisées en deux catégories. Les unes existaient en 1825 ; les autres sont postérieures à cette date. Les secondes ne peuvent, d'après les décrets, être approuvées que par une loi. Cette loi sera-t-elle votée ? Évidemment non, et alors les sœurs seront à la merci de l'administration. Les premières seront difficilement approuvées par un décret, et ce décret ne leur donnera encore aucune certitude pour l'avenir. Il y a, en dernier lieu, une considération qui doit peser sur nos décisions, c'est que jamais un décret ni une loi ne consacreront l'existence des communautés qui n'ont pas un but d'utilité publique et pratique. Par conséquent, toutes les communautés contemplatives sont exclues de cette prétendue concession. Ii y a donc danger à demander cette autorisation. Il y aurait encore plus grand danger à l'obtenir, parce que les biens ou l'avoir des communautés deviendraient, par le fait même, biens de mainmorte et seraient exposés, par suite, aux dangers qui menacent ces biens, dans le cas, fort probable d'ailleurs, d'une suppression totale des communautés religieuses, même approuvées maintenant.

Telles furent les principales résolutions des congrégations religieuses. La plus importante fut l'union sur le terrain de la résistance légale ; c'est-à-dire la résolution prise par des citoyens français d'user de leurs droits de citoyens. Tel fut le parti pris par les P. P. de l'Assomption, par les Barnabites, les Frères mineurs capucins, Carmes déchaussés, Dominicains du faubourg Saint-Honoré, Tiers-Ordre enseignant d'Arcueil, Eudistes, Franciscains, Cordeliers, P. de la Miséricorde, P. de Notre-Dame de Sion, Oblats de Marie, Rédemptoristes, Jésuites, Picpussiens, F. de Saint-Jean-de-Dieu, P. du Saint-Sacrement, Maristes, Maristes de la rue Vaugirard, P. de Sainte-Croix du Mans.

Les décisions des religieux ne surprirent pas les ministres. Ils n'en témoignèrent pas moins leur extrême mécontentement et essayèrent par tous les moyens de les faire échouer.

A quelques communautés religieuses enseignantes on promit officiellement d'arrêter les mesures de rigueur qui les menaçaient, si elles faisaient la moindre démarche ; à d'autres, notamment aux Eudistes, on offrit de donner l'autorisation purement et simplement, sans en référer aux Chambres ; à quelques-unes, on signifia à quels graves dommages les exposait la résistance, à quel point elles compromettaient leur vie religieuse et leurs établissements scolaires. Promesses et menaces, rien n'y fit ; les religieux et les religieuses vivaient dans le droit commun ; ils refusèrent d'en sortir.

Le gouvernement changea alors de tactique. Les journaux salariés annonçaient de temps en temps que des congrégations non reconnues « avaient fait remettre une demande tendant à obtenir la reconnaissance dans les formes prescrites par les décrets ». C'était la formule consacrée. On ne citait aucun nom, et le public restait incrédule. D'autres journaux traitaient les religieux de révoltés, de factieux ; ils réclamaient contre eux la rigueur des lois, comme si ces lois existaient réellement ; ils accusaient les Jésuites de se soustraire à l'autorité de l'Ordinaire, et tous les religieux d'afficher, vis-à-vis de leurs évêques, une indépendance qui menaçait de devenir dangereuse pour l'Eglise nationale.

Les ministres ne craignaient pas de descendre au rang de journalistes subalternes, en criant à l'insoumission et à la révolte des congrégations. Ils prièrent le nonce, Mgr Czacki, et les évêques de leur faire entendre raison, et M. de Freycinet, alors président du conseil des ministres, se défendit de vouloir les persécuter. A l'entendre, son seul désir était de les sauver ; il ne faisait d'exception que pour les Jésuites, ces grands meneurs de la révolte générale, cause de tout le mal ; si l'on consentait à seconder sa bonne volonté, il se chargeait de terminer la crise à brève échéance.

Pendant ce temps, des écrivains à gages comme il s'en trouve sous tous les régimes, préparaient les esprits à l'expulsion des religieux et à la fermeture des couvents. Ils voulaient enlever aux persécutés l'auréole de victimes, et, comme aux jours de la Commune qui précédèrent l'exécution des otages, on lisait, dans les feuilles publiques déchaînées contre les congréganistes, les plus odieuses et les plus sottes calomnies, toutes les infamies, tous les mensonges. Les *Crimes de la calotte* et d'autres immondes publications se vendirent et se colportèrent partout sous l'œil paterne de la police et munis de l'estampille administrative [1].

Pendant que le gouvernement travaillait en France à désunir les congrégations et autorisait contre eux le débordement le plus éhonté de la calomnie, son ambassadeur à Rome, Desprez, s'efforçait d'amener le Saint-Père à sacrifier les Jésuites et à séparer leur cause de celle des autres congrégations. Pour parvenir à ses fins, il s'adressait, en même temps, aux généraux d'ordre, pour les guillotiner par persuasion. Dans l'ardeur de son zèle, il s'adressa même au P. Franzélin, jésuite, l'homme le plus rebelle à toute compromission. Inutile d'ajouter qu'il n'obtint rien, ni du P. Franzélin, ni des généraux des Ordres, ni de Léon XIII. Cela prouve que l'Eglise n'est pas dupe des intrigues et qu'elle sait déjouer les manœuvres de la perfidie. Cela prouve, en second lieu, que ces macaques soi-disant politiques, au moment où ils se targuent le plus de leur indépendance d'action, savent, comme le termite, miner la résistance, pour assurer leur triomphe. Mais cela prouve surtout que, aux yeux même des ennemis de l'Eglise, la défense des ordres religieux ne regarde pas seulement les évêques, mais le Pape lui-même. Ce que le Pape fait à Rome, chaque évêque le doit faire dans son diocèse. Les principes et les intérêts sont exactement les mêmes ; les désordres sont connexes. C'est l'évidence même.

Une preuve subsidiaire, c'est la lettre de Léon XIII à l'archevêque de Paris pendant le vote de la loi contre les associations religieuses. En présence des menaces de cette loi, le Pape écrivait à l'archevêque qu'il comptait sur les évêques pour combattre cette loi et la faire échouer dans l'opinion. J'ignore si quelque évêque, à l'exemple du cardinal Bourret,

---

[1] J'emprunte ces détails à un article du P. de Rochemonteix, intitulé : *L'atti- tude des Congrégations en* 1880, article paru dans les *Etudes religieuses*, n° du 20 janvier 1902.

et comme l'avaient fait autrefois les Parisis et les Dupanloup, intervint dans la discussion par quelque ouvrage et prouva doctrinalement, légalement, que les ordres religieux sont des institutions d'Eglise ; que les religieux et les religieuses sont l'élite de l'Eglise et, en même temps, selon un mot de Voltaire, l'élite de l'humanité ; qu'ils ont droit strict à vivre, au grand soleil, dans la plénitude de leur religieux épanouissement.

Le Pape ne s'en tint pas là. Le 19 mars 1902, le Pape, comme s'il eût eu le pressentiment des scènes lamentables dont nous venons d'être témoins, scènes qui nous déconsidèrent aux yeux du monde entier, publia une Encyclique. Léon XIII y exprimait d'une façon touchante : « la douleur « immense ressentie par lui en face des mesures odieuses, im- « méritées, hautement condamnées par tous les cœurs hon- « nêtes, dont les religieux sont victimes ».

A ce cri de paternelle et pastorale commisération, que nous nous approprions parce qu'il rend très bien les déchirements intimes de notre propre cœur, le Pape ajoutait ces autres paroles, qu'avec un respect tout filial, nous lui demandons encore la permission de lui emprunter :

« Rien n'a pu les sauver : ni l'intégrité de leur vie, sur laquelle leurs ennemis eux-mêmes n'ont pu avoir prise ; ni le droit naturel qui autorise l'association contractée dans un but honnête ; ni le droit constitutionnel qui proclame hautement la liberté de s'associer ; ni la faveur des peuples, pleins de reconnaissance envers les ordres religieux, à cause des précieux services rendus par eux aux arts, aux sciences, à l'agriculture, et pour une charité qui déborde sur les classes les plus nombreuses et les plus pauvres de la société.

« C'est ainsi que des hommes, des femmes, issus du peuple, qui avaient spontanément renoncé aux joies de la famille afin de consacrer au bien de tous, dans de pacifiques associations, leur jeunesse, leurs talents, leurs forces, leur vie elle-même, ont été traités en malfaiteurs, comme s'ils avaient constitué des associations criminelles, et, dans un temps où partout l'on ne parle que de liberté, ont été exclus du droit commun et proscrits. »

« Nous ne serions ni chrétiens ni français, ajoute le cardinal Perraud, si nous demeurions indifférents à ces grandes épreuves de l'Eglise de France. »

Le bruit a couru en France que l'évêque d'Autun, conséquent avec lui-même, avait adressé un appel à tous les évêques de France. Une lettre, dont le texte n'est pas connu, disait, en gros, que le mal était à son comble ; que la situation était intolérable ; que motiver son inaction en se mettant *en dehors et au-dessus* de la politique, n'était pas recevable, lorsque la politique n'était plus que l'extermination du Christianisme ; que le moment était donc venu pour les évêques, de se ceindre les reins, de descendre dans l'arène et de combattre, collectivement ou séparément, pour la défense des foyers et des autels. — Le bruit a également couru que l'évêque d'Autun, à sa lettre, avait reçu *quinze réponses* dont on ne dit pas qu'elles aient été toutes favorables à l'action publique. Soixante-dix évêques se seraient abstenus de répondre, soit qu'ils ne jugent pas que l'évêque d'Autun ait qualité pour leur écrire, soit qu'ils ne jugent pas prudent de répondre, soit qu'ils jugent inutile de combattre. Un juge ne se prononce sur une affaire qu'après l'examen des pièces du dossier. Ici, l'ignorance où nous sommes nous impose le silence. Mais nous ne voulons pas taire qu'aujourd'hui en France, pour les évêques, la vie publique se réduit à ce dilemme : ou héroïsme ou apostasie.

II

C'est notre pensée très explicite, c'est notre conviction très ferme, que les religieux en tant que religieux, appartiennent à la hiérarchie ecclésiastique ; que les religieuses sont une puissance, instituée dans l'Eglise, pour aider, dans ses fonctions, la hiérarchie ; que, par conséquent, le Pape et les évêques, si religieuses et religieux sont menacés, s'ils sont attaqués dans leur libre exercice et dans la jouissance de leurs droits, doivent les défendre. Nous n'appuyons cette conclusion d'aucun argument doctrinal ; nous voulons l'étudier seulement à la lumière de l'histoire. L'histoire est la maîtresse de la vie et la meilleure énonciation du droit.

Sous Napoléon III, lorsque l'Empire commençait à restreindre la liberté d'enseignement, le ministre Fortoul avait imaginé de soumettre à l'inspection les associations religieuses cloîtrées ou non. Cette inspection était, en soi, bien peu de chose ; elle était adoucie encore dans la pratique, par la promesse d'être confiée à des ecclésiastiques, mais nommés par le ministre et obligés de lui adresser leurs rapports d'inspection. C'était bien peu de chose, dis-je, et c'était tout. Par le fait, l'Etat entrait dans les cloîtres, pour s'assurer de leur conduite, de leurs travaux, de leur esprit, c'est-à-dire qu'il entrait pour être le maître.

L'évêque de Poitiers, Mgr Pie, malgré sa jeunesse relative, était dès lors, moins par l'importance de son siège que par l'éminence de sa doctrine et de ses résolutions, un grand évêque. Mgr Pie n'admit pas cette intrusion de l'inspecteur dans l'intérieur du cloître. A ses yeux, c'était une atteinte aux règles de la clôture religieuse et un affront à l'autorité épiscopale. L'évêque de Poitiers protesta donc contre la décision du ministre ; nommé inspecteur par le ministre, il repoussa cette nomination ; et un autre évêque ayant accepté à sa place, il lui signifia que, quand il viendrait à Poitiers, il devait se conduire comme si l'Ordinaire était absent : autrement dit, il refusait de communiquer avec l'inspecteur civil des congrégations religieuses. Preuve que la défense de ces congrégations était bien et dûment, à ses yeux, un devoir d'évêque. Mgr Parisis et le cardinal Gousset s'associèrent à la protestation de l'évêque de Poitiers. A eux trois, on peut dire, sans exagérer, qu'ils représentaient l'épiscopat, du moins la partie saine, celle que n'avait pas pu abuser le libéralisme.

Sous Louis-Philippe, en 1845, le 3 mai, Thiers, pour refaire sa popularité, avait attaqué les Jésuites et obtenu un ordre de dispersion. Louis-Philippe n'était pas un grand canoniste ; ses ministres n'étaient pas de bien fervents chrétiens. Cependant ils voulurent négocier cette affaire avec Rome, non seulement par l'ambassadeur et par l'abbé de Bonnechose, supérieur de Saint-Louis-des-Français, mais par l'envoi d'un plénipotentiaire exprès, qui fut Rossi. Preuve qu'aux yeux du roi des barricades et de ses ministres libéraux, la mise en cause par la politique, même d'un seul ordre, relevait de l'Eglise et devait se traiter au moins avec le Pape.

Sous la Restauration, en 1828, lorsque le gouvernement, pour donner au libéralisme un os à ronger, ferma huit petits séminaires et restreignit le nombre des élèves qui seraient admis dans les établiseements ecclésiastiques, il y eut, dans la France catholique, un soulèvement unanime. Les évêques, sympathiques pourtant au roi très chrétien, s'élevèrent tous contre ces mesures et par un mémoire que signa, pour tout l'épiscopat, le cardinal de Clermont-Tonnerre, archevêque de

Toulouse, montrèrent l'iniquité des ordonnances. Nous avons ce mémoire sous les yeux ; nous en reproduisons la substance juridique.

Que le prince doive avoir, sur les écoles congréganistes, l'inspection et la surveillance nécessaire pour assurer l'ordre public, empêcher la transgression des lois, maintenir les droits et l'honneur de la souveraineté ; qu'il puisse exiger, exécuter par lui-même la réforme des abus qui intéressent l'ordre civil ; qu'il doive même provoquer la réforme des abus dans l'ordre spirituel et prêter même l'appui du bras séculier, pour l'observance des règles canoniques, on en convient. Qu'il soit libre d'accorder ou de refuser à ces établissements des bienfaits, des privilèges, en faveur de la foi et pour le recrutement des ministres de l'Evangile, la religion n'est pas ingrate et lui rendra au centuple, pour prix de sa munificence, non seulement la reconnaissance et l'affection, mais encore le dévouement et les services. Que les écoles congréganistes reçoivent le bienfait de la reconnaissance civile, la capacité de posséder, d'acquérir, de vendre, sous condition d'accomplir certaines œuvres : il n'y a rien là qui excède le pouvoir politique et constitue, sur la puissance spirituelle, un envahissement. Au delà, c'est l'usurpation.

Prétendre, par exemple, qu'aucune école destinée à former à la piété, à la science, aux vertus chrétiennes et sacerdotales, ne peut exister sans l'autorisation du pouvoir civil ; que les évêques, soumis d'ailleurs à toutes les lois, ne puissent réunir les enfants dans les écoles pour l'apprentissage de la vie chrétienne et le noviciat de la profession sacerdotale ; qu'ils n'ont pas la liberté de confier la direction, l'éducation, l'enseignement de ces écoles, aux maîtres qui réunissent d'ailleurs les conditions de capacité et de dignité exigées par la loi ; qu'ils ne peuvent pas diriger cette chère jeunesse, à travers mille dangers, jusqu'au terme de leur vocation, c'est vouloir asservir l'Eglise dans ce qu'elle a de plus indépendant ; c'est porter atteinte aux prérogatives saintes et aux droits sacrés de sa mission divine ; c'est contredire visiblement et témérairement ces paroles, qui s'appliquent à tous les temps : « Allez, enseignez les nations »; c'est s'inscrire en faux contre tous les siècles de l'histoire.

Au sein de la persécution, l'Eglise était libre, d'élever ses enfants et de former ses clercs dans les prisons et les catacombes. En lui donnant la paix, les empereurs n'ont pas assujetti, à leurs règlements, les écoles et les monastères où l'Eglise recueillait la jeunesse, espoir de l'avenir; et, s'ils sont quelquefois intervenus, ce n'est pas que par leur protection, leurs libéralités, et dans des choses purement temporelles. D'ailleurs l'Eglise n'a pu se dessaisir des droits et des devoirs inhérents à sa constitution et édictés par son divin fondateur.

Si l'Eglise accepte les faveurs de l'Etat, à la condition de quelque privilège touchant au spirituel, comme droit de nomination ou de patronage, elle peut prendre des engagements avec lui; elle se les impose, mais elle ne les reçoit pas; elle les remplit, mais en cela elle n'obéit qu'à elle-même.

Et qu'on ne dise pas qu'il s'agit des éléments du savoir humain et des lettres, choses qui ressortent de la puissance civile. Qui ressortent de la puissance civile, d'accord, mais qui n'en ressortent pas à l'exclusion de tout autre. Sous un régime de droit naturel, tout chrétien a droit de professer sa foi et de l'enseigner même dans les écoles; sous un régime démocratique, de libre pensée et de suffrage universel, tout citoyen a droit de parler et d'écrire, par conséquent d'enseigner, s'il réunit les conditions de capacité légale. De plus, quand il s'agit d'enseignement ecclésiastique, la littérature n'est plus qu'un accessoire dont la religion pourrait se passer. L'accessoire suit le principal qui est la théologie; et cela appartient tellement à l'Eglise, que l'Etat ne peut, en aucun cas, s'en emparer; et s'il s'en saisit, c'est l'acte d'une sacrilège tyrannie; c'est le crime des êtres que l'Eglise voue à l'exécration du genre humain, comme ennemis de Dieu et des âmes.

C'est ainsi que parlaient les évêques de 1828. Manifestement, ils regardaient les écoles et les ordres religieux comme une portion choisie de leur troupeau, comme une œuvre de choix pour leur ministère et comme un service de l'Eglise. Les sacrifier c'eût été se suicider eux-mêmes, dans leur œuvre principale et leurs plus généreux collaborateurs. Pas un seul évêque ne fléchit.

Lorsque l'impiété voulut renverser la société chrétienne, elle ne s'y prit pas, au xviiie siècle, comme aujourd'hui ; elle laissa en dehors de ses attaques, les vierges de Jésus-Christ, estimant que leur ruine était une scélératesse telle, que des bandits seuls pouvaient s'y ruer ; elle laissa en dehors de ses attaques, les ordres religieux dans leur ensemble, estimant que ce concert d'attaques eût trahi son dessein de couler bas la monarchie ; elle concentra sur les seuls Jésuites le feu de ses batteries. Voltaire et Frédéric en avaient donné le conseil, les goujats se chargèrent de l'exécution : par goujats, j'entends les parlements, les ministres de Louis XV et les pourris de la Cour, roi compris. Les évêques, presque tous pris dans la noblesse, ne furent pas dupes de cette manœuvre. En 1761, une assemblée d'évêques se tint à Paris, sur la demande des commissaires chargés de rendre compte des Constitutions des Jésuites. Qu'on prête l'oreille aux mâles accents et aux profonds pronostics de l'épiscopat.

« Sire, en vous demandant aujourd'hui la conservation des Jésuites, nous vous présentons le *vœu unanime* de toutes les provinces ecclésiastiques de votre royaume. Elles ne peuvent envisager sans alarmes la destruction d'une société de religieux recommandables par *l'intégrité de leurs mœurs, l'austérité de la discipline, l'étendue de leurs travaux et de leurs lauriers* et pour les services sans nombre qu'ils ont rendus à l'Etat... Tout vous porte en faveur des Jésuites. La religion vous recommande ses défenseurs, l'Eglise ses ministres, les âmes chrétiennes, les dépositaires des secrets de leur conscience, un grand nombre de vos sujets, des maîtres respectables qui les ont élevés, toute la jeunesse de votre royaume, ceux qui doivent former leur esprit et leur cœur. Ne vous refusez pas, Sire, à tant de vœux réunis ; ne souffrez pas que, dans votre royaume, contre les règles de la justice, contre celles de l'Eglise, contre le droit civil, une société entière soit détruite sans l'avoir mérité. *L'intérêt de votre autorité l'exige* et nous faisons profession d'être aussi jaloux de ses droits que des nôtres. »

Ce document était signé : « Les archevêques, évêques et autres ecclésiastiques, députés composant l'assemblée générale du clergé de France [1]. »

Paris avait alors, pour archevêque, Christophe de Beaumont ; c'était un héros, que sa bravoure fit exiler quatre fois ; lui-même se porte garant pour tous ses frères dans l'épiscopat. « Que les ennemis de l'Eglise ne s'en flattent pas, dit-il ; jamais on ne verra l'épiscopat se relâcher de ses droits ; à mesure qu'on empiète sur sa juridiction, accommoder son langage et même *son silence* aux prétentions de ses adversaires ; acheter le repos à force de caresses et la *paix à force de défaites ;* dissimuler les affronts et les injures faits à son caractère, pour conserver les douceurs et les agréments du repos. Si l'on en venait à ces extrémités, *c'en serait fait de l'Eglise de France ;* et la voyant déchue de son ancienne splendeur, on demanderait avec Jérémie : Comment s'est obscurci cet or si pur ? il a donc perdu l'éclat de sa couleur ? Les pierres de ce magnifique sanctuaire sont dispersées et leurs débris embarrassent l'entrée des places publiques. Sur l'autel, dépouillé de ses vases d'or, on n'aperçoit plus que des vases de terre, ouvrage fragile d'un vil potier. C'est-à-dire, selon le langage de Jésus-Christ, que nous, qui devons être le sel de la terre, ne serions plus qu'un sel affadi, un sel qui ne serait propre qu'à être jeté et foulé aux pieds comme la plus vile poussière. »

Puis, pensant aux exécutions et aux proscriptions, il

[1] Picot, *Mémoires pour servir à l'histoire ecclésiastique pendant le* XVIIIe *siècle,* t. II, p. 410.

s'écriait : « Nous nous rappelons cette multitude de dignes ministres, exposés à la vexation des décrets et des procédures, proscrits par la rigueur des jugements et des sentences, pour avoir suivi, dans la dispensation de choses saintes, les lois du ministère ecclésiastique et les ordres du premier pasteur. Ce n'était pas sur eux, c'était sur nous que devait fondre l'orage. On les frappe néanmoins et on nous épargne ; ils sont victimes des saintes règles et nous ne sommes que témoins de leurs sacrifices. Si nous nous intéressons tendrement à leur sort, nous l'envions encore davantage ; et à quel prix ne rachèterions-nous pas leurs disgrâces, pour les en délivrer en les subissant nous-mêmes ? Moïse souhaita d'être anathème pour un peuple ingrat et indocile ; saint Paul, pour des frères aveugles et rebelles ; combien plus devons-nous souhaiter de l'être, pour des coopérateurs fidèles et zélés. Quel bonheur pour nous si, épuisant tout seul le calice des tribulations présentes, nous eussions pu dérober la plus chère et la plus précieuse portion de notre clergé à ces dispersions violentes, à ces proscriptions rigoureuses, qui les obligent d'aller chercher un asile dans des terres étrangères ! Au milieu des brèches faites au camp d'Israël, bénissons néanmoins le Seigneur de ce que la race des vrais enfants d'Aaron n'est point encore éteinte, et de ce qu'elle produit toujours des prêtres fidèles à leur ministère, déterminés à livrer plutôt leur personne à la rigueur des poursuites judiciaires, que l'arche sainte aux horreurs de la profanation. »

De plus longues citations sont inutiles pour prouver combien était étroite la solidarité entre les évêques et les plus humbles coopérateurs du ministère apostolique.

Si nous remontons jusqu'au xiiie siècle, lorsque les paladins de Jésus crucifié ont créé la chevalerie de la pauvreté chrétienne, un certain Wilhem du Saint-Amour, prussien avant la lettre, se mit à combattre les Ordres mendiants. Non qu'il voulût les empêcher de mendier ; il voulait seulement les empêcher d'enseigner et, sans doute, d'écrire. Mendier ne le gênait pas et le tentait encore moins ; mais poser, devant l'univers religieux, l'idéal de la pauvreté, mais provoquer le *plus grand mouvement populaire* (le mot est de Renan) dont l'histoire se souvienne, voilà qui contrariait ce *Tedesco* qui parlait latin. Saint Thomas dut lui répondre et sut le confondre. Il y avait alors des égoïstes, comme il y en aura toujours ; mais moins qu'aujourd'hui. Cependant l'opposition de ce Guillaume, apôtre de l'égoïsme, fit esclandre. Par un contraste singulier, les peuples et les rois crurent que si ce labarum à rebours pouvait flotter impunément, ce serait fini ; le monde ne tarderait pas à s'écrouler.

Voilà où l'on en était et voici où nous en sommes. Au xiiie siècle, ce n'était qu'une opinion d'école et encore n'osait-elle se produire qu'en se couvrant d'un voile ; et cependant, non seulement les évêques, mais tout le monde s'éleva contre le prédicateur. Au xviiie siècle, il ne s'agissait que d'un seul Ordre, mais à la vérité le plus vaillant de tous ; et l'archevêque de Paris et l'assemblée du clergé parlèrent avec une héroïque intrépidité. En 1828, il ne s'agissait que d'une mesure restrictive, et encore, pour la faire accepter, le ministre Feutrier publiait, dans l'officiel du temps, des concessions gracieuses qui rendaient les restrictions absolument inoffensives. Personne ne s'y laissa prendre ; et les évêques se levèrent comme un seul homme pour dénoncer le péril social. Theiner, dans son *Histoire des établissements d'éducation ecclésiastiques*, t. II, p. 102, dit à ce propos ; ses paroles sont remarquables : « Jamais évêque et ministre n'a assumé sur sa tête une plus grande responsabilité ; jamais prélat n'a plus méconnu sa position. Les blessures qu'il porta à l'Eglise durent être d'autant plus sensibles que si, d'un côté, il se montra *l'aveugle instrument de l'esprit du siècle*, de l'autre, il prit la défense des ordonnances avec une partialité si grande, que l'histoire de l'Eglise ne montre que peu d'exemples d'une semblable faiblesse. Son langage doit incontestablement se ranger au nombre des anomalies, qui se présentent parfois dans la vie des Etats, et qui annoncent l'*approche* des grandes catastrophes, la *prochaine dissolution* de l'organisation sociale d'un pays. »

L'attaque est aujourd'hui plus à fond. On ne s'en prend pas seulement aux Jésuites, mais à tous les Ordres, et même aux congrégations religieuses de femmes enseignantes. Le but qu'on poursuit c'est la suppression du christianisme et le triomphe de l'athéisme social. Il faut dresser maintenant la statistique des protestations de l'épiscopat français.

III

Maintenant nous sommes en juillet 1902. Un ex-abbé devenu président du conseil ; un défroqué qui a repris la soutane pour passer son examen de docteur devant un jury présumé catholique ; un sieur Combes sorti du pays pourri des Charentes, a fait fermer d'abord cent trente-cinq écoles, sous ce prétexte qu'elles ont été ouvertes depuis la promulgation de la loi sur les associations. Comme l'appétit vient en mangeant, devant la résignation silencieuse de ses victimes, par une circulaire, — je veux dire par un ukase, — il ordonne ensuite la fermeture de deux mille cinq cents écoles *libres*, sous prétexte qu'elles n'ont pas demandé l'autorisation légale de libre exercice. Nous savons que ces écoles n'avaient pas besoin d'autorisation puisque la loi n'a pas d'effet rétroactif et qu'elles n'étaient pas fondées seulement depuis l'édiction de la loi nouvelle ; car, en ce cas, on n'eût pas manqué d'en interdire l'ouverture. Mais, dit le proverbe, contre la force, il n'y a pas de résistance. Les commissaires de police, les procureurs, les sous-préfets ceignent leur écharpe et notifient l'arrêt de proscription ; les gendarmes viennent appuyer leurs réquisitions illégales et injustes. Les populations croyantes se soulèvent ; elles veulent garder leurs sœurs, elles fortifient les écoles pour empêcher leur expulsion et opposent à la brutalité officielle, une résistance patriotique et pieuse. Il faut assiéger les écoles pour en faire partir les sœurs. L'armée (anges de la patrie voilez vos fronts !), l'armée reçoit ordre d'appuyer la police et le soldat, qui ne doit porter les armes que pour la défense de la patrie, est contraint de dégainer... contre des sœurs institutrices. Plutôt que de se prêter à ces bas offices, deux officiers brisent leur épée. La résistance se prolonge en Bretagne, particulièrement à Ploudaniel, à Folgoet et à Saint-Méen. Enfin la force triomphe ; l'ordre règne... comme à Varsovie !

Devant ces méfaits, en présence de cette résistance glorieuse, au milieu de cet émoi des populations rurales et de la stupeur de l'univers, le silence serait une marque de complicité, un manque de cœur, un opprobre. Les évêques doivent parler ; ils comprennent le devoir ; ils parlent. Nous allons recueillir leurs suffrages.

Mais d'abord *à qui* faut-il s'adresser? Sans doute la réponse doit s'adresser à qui l'a rendue nécessaire, au gouvernement ; mais dans le gouvernement à qui? Est-ce au pouvoir législatif ou au pouvoir exécutif, aux auteurs de la loi qu'on prétend appliquer ou à ceux qui l'appliquent? Selon le droit naturel, il paraîtrait qu'il vaut mieux s'adresser au législateur ; c'est ici, le grand coupable ; l'étrangleur réel du droit et de la liberté. Mais s'adresser à la trois centième ou à la cinq centième partie d'une Assemblée délibérante, c'est s'adresser à un être de peu, volatil au surplus comme le gaz le plus incoercible. Un sénateur, un député, quelque chose de décoratif, comme un devant de cheminée, mais aussi peu consistant. Alors nous nous adresserons aux ministres, au président du Conseil, au président de la République. Or, la constitution de la République est tellement agencée que le pouvoir est partout et la responsabilité nulle part. Le nom commun de tous les détenteurs du pouvoir politique, depuis le sous-préfet jusqu'au naturel de Montélimar, c'est Pilate. Ces gens-là peuvent faire tout ce qui leur passe par la tête et ont le droit de s'en laver les mains. Le sous-préfet vous renvoie au préfet, le préfet au ministre, le ministre au chef de cabinet, le chef de cabinet à la loi. La loi, c'est la dame voilée ; on la voit partout, elle ne se découvre nulle part et la seule chose qu'elle connaisse, c'est étrangler. C'est en son nom que le président du Conseil, le renégat, étrangle les écoles libres. Alors nous irons au président de la République, à la cinquième roue du char républicain, au louche personnage qui doit sa fortune privée aux coups de bourse, et sa fortune publique, à la protection des escompteurs parlementaires du Panama. S'adresser à cet homme-là, malgré l'éminence du personnage, autant s'adresser à la lune. Mieux vaudrait, selon moi, s'adresser au valet de chambre du ministre en crédit, s'il a l'oreille du Maître, en admettant que le Maître a de l'oreille et n'a pas plutôt des oreilles.

Les protestations des évêques peuvent se ramener à trois catégories : 1° les évêques qui s'adressent au président de la République, au président du Conseil ou au ministre des cultes ; 2° les évêques qui adhèrent aux actes précédents ; 3° les évêques qui s'adressent à leur clergé, aux religieux, ou au public dans des discours de distribution de prix.

A tout seigneur, tout honneur. — L'archevêque de Paris, métropolitain de la capitale, plus proche du pouvoir, en relations plus faciles et plus fréquentes avec le gouvernement, ouvre la marche, il écrit au président de la République. Francois-Marie-Benjamin Richard, cardinal-prêtre, n'a pas la science de Affre, la malléabilité de Sibour, l'aplomb de Morlot, l'éloquence de Darboy, la mâle énergie de Guibert ; mais il écrit sensément, avec douceur, parfois comme avec la plume de saint François de Sales. Dans sa lettre, il déclare la persécution sans motif, il la dit inspirée par la haine de la religion, il la croit contraire à la loi et aux intérêts du pays, et montre qu'elle est à l'envers de la restauration sociale, contraire aux déclarations de Portalis et aux vues si politiques du premier consul.

Paul Goux, évêque de Versailles, suit l'exemple de son métropolitain. Les évêques se sont tus longtemps, mais leur qualité leur interdit désormais le silence. « La persécution latente est devenue manifeste et telle qu'il faudrait remonter aux plus mauvais jours de la Révolution française pour en trouver une semblable dans notre pays. Sous prétexte de neutralité, l'image du Christ étant bannie des écoles officielles, le nom de Dieu n'y pouvant plus être prononcé, la morale de l'Evangile étant remplacée par celle de quelques philosophes — de leur argent, les catholiques, en se conformant aux lois existantes, avaient créé des écoles libres et, pour les tenir, il s'était trouvé, en nombre considérable, quoique insuffisant pour satisfaire à toutes les demandes, des légions de pieuses filles qui, sous l'habit religieux, liées envers le ciel par de saintes promesses, remplissaient avec une patience et un dévouement inaltérables une des fonctions maternelles les plus nécessaires et les plus laborieuses : instruire et former au bien les enfants que les familles leur confiaient. »

La liberté et le droit sont violés ; la justice méconnue. « Et cela se passe en France, dans un pays où l'immense majorité des citoyens professe la religion catholique, sur une terre où la générosité semblait héréditaire et où plusieurs révolutions se sont faites en faveur de la liberté. Non, cela ne durera pas ; non, c'est un état impossible. »

Louis-Joseph Luçon, évêque de Belley, fils selon l'esprit de l'incomparable Freppel, discute les tenants et aboutissants des lois scolaires ; il dit la proscription des religieuses contraire à la non-rétroactivité de la loi ; contraire à la justice en violant les droits des propriétaires et des bienfaiteurs ; contraire à la liberté d'enseignement écrite dans la loi ; contraire à la liberté de conscience pour les parents et pour les enfants ; contraire enfin à l'humanité qu'on outrage dans la personne des vierges de Jésus-Christ.

« Mais, nous ne nous faisons point illusion : nous nous rendons bien compte que nous sommes en face d'une secte qui nous a déclaré une guerre à mort et qui, quand il s'agit de nous, est insensible à la raison, à la justice, à l'humanité, aux vrais intérêts du pays. Nous connaissons son but, ses moyens d'action, son plan de campagne ; nous n'avons point à former sur cela de jugements téméraires : ses organes prennent soin de nous en bien instruire eux-mêmes. Elle a juré de déchristianiser la France ; et c'est pour y arriver, que, entre autres moyens, elle veut fermer les écoles chrétiennes. Elle prétend jeter toutes les âmes françaises dans le même moule, pour les former à son image, le moule de l'incroyance et de l'athéisme. Voilà l'unité qu'elle rêve pour l'âme de la France : ce serait l'unité dans l'impiété, dans l'immoralité, dans la dégradation. »

Emmanuel de Briey, évêque de Meaux, — un disciple du grand cardinal Pie, — marchant sur les traces de son métropolitain, pose, au pauvre et plus que pauvre président Loubet, ces trois questions : Pourquoi ferme-t-on les écoles ? Pourquoi chasse-t-on les religieuses ? Pourquoi jette-t-on les enfants dans la rue ? Questions auxquelles le susdit Loubet serait bien embarrassé de répondre ; en gardant le silence, il se condamne lui-même.

Alphonse-Etienne Sonnois, archevêque de Cambrai, écrit en digne successeur de Fénelon :

« Quelle n'est pas l'émotion produite dans notre diocèse par la brusque fermeture d'un grand nombre d'écoles, par le renvoi brutal d'humbles religieuses, dévouées jusqu'à l'héroïsme, par une série de mesures vexatoires au premier chef, par l'annonce de projets plus désastreux encore ? Tout ce qui est chrétien n'aura-t-il donc de droit qu'à la mort ? Mais si puissant qu'est le crime, celui qui sait mourir est plus puissant que lui...

« Aujourd'hui le sang coule, aujourd'hui les droits sacrés de la liberté sont foulés aux pieds, aujourd'hui le respect de la propriété reçoit de singulières atteintes, aujourd'hui les pères et mères de famille sont molestés ou violentés dans le choix des éducateurs de leurs enfants, aujourd'hui les prêtres, nos zélés auxiliaires, sur des dénonciations plus ou moins basées, sont poursuivis, épiés, soupçonnés, traduits devant les tribunaux, privés d'une indemnité légitime.

« Laissez-nous vous le dire, monsieur le président, nous n'avons au cœur qu'un double amour : celui de l'Eglise et de la France. Respectueux des institutions du pays, nous ne voulons qu'une seule chose : servir notre mère l'Eglise et notre mère la France.

« La meilleure maîtresse d'école n'est-elle pas l'Eglise, de par la volonté de son fondateur, jetant en vue des siècles (même du nôtre) la féconde parole : « Allez, enseignez toutes les nations ? » L'Eglise a donc reçu de Celui par qui règnent les rois et les grands un droit imprescriptible et un devoir essentiel, le droit et le devoir d'enseigner. »

Augustin-Victor Deramécourt, évêque de Soissons, écrit en homme qui se souvient de Mgr Parisis :

« Au nom de la France qui depuis quinze siècles, a dû particulièrement sa grandeur et son honneur à l'action de l'Eglise exercée sous tous les régimes, en l'harmonisant avec l'action de l'autorité civile, je vous adjure de ne point renoncer à une aussi utile alliance.

« Au nom de la République loyalement acceptée par le clergé et l'immense majorité des catholiques, conformément aux décisions pontificales ; au nom de la déclaration des libertés de 1789, de la constitution de 1875, telles que les ont promulguées et interprétées leurs fondateurs ; au nom des récentes assurances données à la paix publique par le chef de l'Etat à Dunkerque, à Brest et au Mans : j'ose réclamer les franchises fondamentales qui ont été solennellement promises et garanties à la France.

« Au nom des lois de l'humanité, des lois de l'Eglise, des lois de la famille, des lois de l'Etat, que des circulaires récentes et arbitraires ne sauraient infirmer, je proteste, comme *citoyen*, comme *français* et comme *évêque*, contre les *coupables spoliations* dont souffrent la *conscience*, la *propriété* et la *liberté* ; de par les mesures qui atteignent les enfants de nos écoles, leurs familles et les communautés religieuses. »

Alexandre, évêque de Saint-Claude, se borne à réclamer pour les écoles de son diocèse ; mais enfin il réclame, c'était son devoir et c'est son honneur.

Félix Béguinot, évêque de Nîmes, s'adresse à la modération, à la sagesse et à la science du président : une telle lettre n'a pas pu arriver à ces trois adresses.

François-Virgile Dubillard, évêque de Quimper, écrit en savant théologien et en brave évêque : la science et la bravoure ont toujours formé un bel assemblage.

Ont adhéré à la lettre de l'archevêque de Paris : Constant Guillon, évêque du Puy ; Firmin Renouard, évêque de Limoges ; Victor Balaïn, archevêque d'Auch ; Charles Cotton, évêque de Valence ; Adolphe Fiard, évêque de Montauban ; Joseph Guérard, évêque de Coutances ; François Hautin, archevêque de Chambéry ; Prosper de Bonfils, évêque du Mans ; Philippe Meunier, évêque d'Evreux ; Alfred Williez, évêque d'Arras ; François Delamaire, évêque de Périgueux ; Pierre-Marie Fallières, évêque de Saint-Brieuc ; Pierre-Eugène Rougerie, évêque de Pamiers ; Hector Coullié, archevêque de Lyon ; Anatole de Cabrières, évêque de Montpellier, et Charles Cœuret-Varin, évêque d'Agen. — Ces lettres, adressées au cardinal Richard, et transmises par ce prélat au gouvernement, constituent autant d'actes épiscopaux pour la défense officielle et publique des congrégations enseignantes.

D'autres évêques, par des actes également épiscopaux, s'adressent à leur clergé ; je cite : Joseph, cardinal Labouré, archevêque de Rennes ; Victor-Paulin Delannoy, évêque d'Aire ; Amédée-Jean, évêque de Vannes ; Dubois, évêque de Verdun ; Jules, évêque de Perpignan. L'évêque de Marseille, malade, se contente d'un communiqué à ses prêtres.

Une quatrième catégorie d'évêques s'est contentée, soit de consolations aux religieuses proscrites ; soit de lettres à des particuliers ; soit d'allocations aux distributions de prix. Dans cette classe il faut ranger : 1º François Bonnefoy, archevêque d'Aix ; 2º Ernest, évêque d'Angoulême ; 3º Claude Bardel, évêque de Séez ; 4º Michel-André Latty, évêque de Châlons ; 5º Joseph Rumeau, évêque d'Angers ; 6º Etienne Ardin, archevêque de Sens ; 7º Eudoxe-Irénée Mignot, archevêque d'Alby ; 8º Augustin Germain, archevêque de Toulouse ; 9º Frédéric Fuzet, archevêque de Rouen ; 10º de Pelacot, évêque de Troyes ; 11° Henri Chapon, évêque de Nice ; 12° Henri Bouquet, évêque de Mende ; 13° Léon Amette, évêque de Bayeux ; 14° Aynard, évêque de Cahors ; 15° Henri Schœpfer, évêque de Tarbes ; 16° Sébastien Herscher, é vêque de Langres. — Ces lettres et allocations, en général, ne revêtent pas la forme de protestation et n'en ont pas la force juridique ; elles renferment des regrets, douloureux sans doute, et des hommages à des vertus proscrites ; mais consoler des malheureux, tout le monde peut le faire et n'en a pas moins de mérite.

Dans cette majorité d'évêques, ou plutôt en dehors, il y a des évêques dont nous n'avons trouvé aucun acte dans les feuilles catholiques. De plus, il y a quatre ou cinq prélats, dont nous taisons les noms ; nous n'avons pas jugé les autres ; ceux-ci, nous devrions les juger : ce serait sans titre ; et les censurer : la plus élémentaire bienséance nous l'interdit. — Nous ajoutons, avec joie, que les évêques d'Autun, de Cahors, de Valence, d'Evreux et du Mans, nous ont paru mettre, au service de cette cause, le plus grand zèle.

Ainsi, les évêques de France ont rempli un devoir de conscience, en adressant au chef de l'Etat, aux ministres et au clergé, au sujet de la proscription des sœurs enseignantes, leurs doléances et leurs observations. Exprimées dans les termes les plus modérés et les plus respectueux, leurs réclamations n'ont pas été écoutées, ces prélats ont eu la douleur de voir fermer un très grand nombre d'écoles libres, laïciser un certain nombre d'écoles communales, établies depuis un temps plus ou moins long, sous le bénéfice des lois qui n'ont pas cessé de régir, parmi nous, l'instruction publique. C'est l'impudence d'une tyrannie qui appelle les résistances et provoque même à la sédition.

L'Eglise ne fait jamais appel à la violence ; mais sa mission divine lui interdit de laisser confisquer ses droits et mettre les âmes en péril de corruption ou d'apostasie. La presque unanimité des évêques a donc rempli noblement son devoir ;

mais, si elle s'en tenait là, ce ne serait qu'une passe d'armes, brillante et honorable sans doute ; probablement sans résultats. C'est bien la religion que la franc-maçonnerie veut détruire en France ; ces imbéciles bas, ils ont conçu ce dessein et ils sont assez stupides pour en poursuivre l'accomplissement. Ce qui étonne les croyances, c'est qu'il se soit trouvé des députés, des sénateurs, des ministres, un Loubet ! chargés de représenter ce qu'un historien anglais appelle la majesté d'un peuple, décider ainsi des destinées de la France, de sa foi et de son indépendance nationale. « Nous ne supporterons pas cela, criaient les paysans bretons ; nous voulons nous défendre. Si c'est la guerre civile qu'on veut, tant pis ! Nous avons des faux et des armes à feu, nous saurons nous en servir. » Braves paroles sans doute, mais imprudente et inutile résolution. Ne prenons ni fusils, ni faux, sachons nous contenter de la résistance légale et pieuse ; du recours à Dieu par la prière ; du recours à nous-mêmes, par une énergique résolution.

Je cite, à l'appui, quelques réflexions du comte de Mun :

« Je suis persuadé, dit-il, que la résistance légale est la seule féconde, et je pense que dans un pays comme le nôtre où les mouvements d'opinion sont si prompts, où la presse est si puissante, où tout se traduit en discussions publiques dans les journaux, devant les Chambres, devant les tribunaux, elle finit, en persistant, par devenir invincible.

« Voyez donc l'histoire des catholiques d'Irlande : ils étaient opprimés plus durement que nous ne le sommes nous-mêmes, bien que nous soyons en train d'en arriver là, puisqu'on prétend, à cause de notre religion, nous exclure des libertés publiques les plus essentielles, comme c'était justement le cas de l'Irlande. Eh bien, au plus fort de la lutte, que faisait O'Connell, le grand, le tout-puissant agitateur ? Il parcourait le pays, il remuait les foules, il les passionnait pour la liberté, il les excitait à la conquérir, mais il répétait sans cesse : « Restez dans la légalité, ne faites pas d'émeutes, respectez les lois ! » et c'est par cette tactique, obéie avec une admirable discipline, qu'il a forcé les portes du Parlement et préparé l'affranchissement religieux de son pays.

« Voilà ce que j'appelle la résistance légale. Seulement, il ne suffit pas qu'elle soit légale. Il faut encore qu'elle soit vraiment une résistance, non pas une protestation, une *manifestation d'un jour* mais une revendication *constante et persévérante* qui ne se décourage pas au premier insuccès et à laquelle chacun sacrifie son repos, sa tranquillité : c'est la première condition. La seconde, c'est qu'elle soit organisée, je veux dire qu'elle ait un *chef*, des *soldats*, un *trésor* de guerre, et qu'elle soit exercée à la lutte par des *manœuvres fréquentes*, c'est-à-dire, quand il s'agit d'action politique, en ne laissant passer aucune occasion sans la mettre à profit pour faire valoir nos droits, aucune violence sans y résister, aucune élection surtout sans affirmer nos revendications.

« Ah ! il y a bien évidemment une autre condition, sans laquelle nous continuerons toujours à être battus, c'est que tout le monde s'entende pour renoncer aux discordes des partis, à l'éternelle discussion sur la forme du gouvernement. Quant à moi, je suis parfaitement résolu à ne soulever et à n'accepter aucun débat de ce genre. C'est du temps perdu, et nous n'en avons pas à perdre.

« La maison brûle, il faut courir au feu ! Tous ceux qui tiennent à la religion et à la liberté n'ont qu'à se tendre les mains et à faire la chaine ! »

IV

Cette résistance légale est certainement constitutionnelle ;
cette résistance pieuse est certainement conforme au devoir
catholique et répond au vœu du cœur vaillant ; cependant
elle ne répond pas pleinement aux préceptes de l'ordre moral
et religieux ; de plus, elle ne satisfait pas à toutes les exigences
de la situation.

La résistance légale est d'ordre naturel ; la résistance pieuse
est d'ordre particulier, tout à fait intime. L'Eglise renferme
à coup sûr, dans son sein, des âmes ferventes et de dignes
citoyens ; en outre, elle est une société complète, visible et
active par elle-même ; elle est échelonnée sous une hiérarchie
qui représente spécialement les droits de l'Eglise et qui est
surtout chargée de la défendre. Je cherche et je ne vois rien
qui, mieux que la résistance des évêques, puisse soutenir la
résistance pieuse et la résistance constitutionnelle. Je sais,
d'autre part, que les évêques ont un devoir propre d'interve-
nir dans les saints combats et même de prendre la tête de
l'armée catholique. Dans ses épîtres, saint Paul leur a fourni
une armure dont il énumère les pièces, et bien qu'un chrétien,
un prêtre puisse s'essayer à en porter le poids, c'est surtout
aux évêques qu'incombe cette obligation. Une croisade sans
évêque serait une croisade sans unité, sans drapeau, et si la

bravoure des soldats savait s'électriser, sans chef, elle ne pourrait frapper des coups victorieux.

Quand il s'agit de la résistance de l'Eglise, nous pensons toujours à la croix, par quoi Jésus crucifié a voulu attirer à lui tout l'univers. Nous pensons aux souffrances éprouvées et au sang versé sur la croix ; et puisque Jésus-Christ nous a fait l'honneur de nous appeler à remplir ce qui manque à sa passion, pour nous en appliquer les fruits et en étendre les grâces, nous devons nous dire qu'il n'y a rien de plus effi-cace, dans la résistance, que les maux encourus, les souffrances subies et le sang versé.

Quand il s'agit de la défense de l'Eglise, je pense à Judas-Macchabée et à ses vaillantes troupes qui aimèrent mieux mourir que de supporter les maux de leur patrie et les outrages au temple. Je rémémore la sainte insurrection de la Ligue, qui fit capituler Henri de Navarre et nous empêcha, pendant trois siècles, de tomber dans ce gâchis intellectuel, moral et social où nous sommes menacés de périr.

Oserais-je le dire ? C'est, parmi les chrétiens, une opinion commune, que, depuis vingt ans, nous n'avons pas été défendus comme nous aurions dû l'être ; et si nous sommes pressés maintenant par les plus terribles assauts, c'est qu'en refusant de déployer notre vigueur, nous avons décuplé la force de l'adversaire.

En preuve, je cite ici un nom grand dans l'Eglise et dans l'histoire. Le vicomte de Bonald, écrivant à l'évêque de Rodez, lui dit avec une sincérité égale à sa courtoisie :

A l'heure actuelle, lorsque la liberté de l'enseignement est si gravement compromise, les catholiques ont sans doute le devoir de lutter pour en conserver, si c'est possible, quelques lambeaux ; mais la gravité même de la situation leur impose le devoir non moins impérieux de lutter d'une manière utile et d'employer les moyens qui leur paraissent les plus efficaces pour atteindre le but poursuivi.

Quand on ne dispose que d'un nombre limité de cartouches, la plus élémentaire prudence. commande de ne les point gaspiller au hasard.

Depuis quelque temps les distances qui séparaient les évêchés des préfectures se sont singulièrement raccourcies.

Quand je vois le gouvernement traiter les évêques comme de simples fonctionnaires, n'ai-je pas le droit de me demander ce qui arriverait si d'aventure il s'avisait de puiser dans la caisse des évêchés comme il puise dans celle des contribuables ?

Lorsque, d'autre part, je vois Nos seigneurs les évêques si peu jaloux de leurs droits, que jadis revendiquait si noblement l'épiscopat tout entier, ne m'est-il pas permis de craindre que, le cas échéant, ils n'aient ni l'indépendance ni le courage nécessaires pour défendre l'argent que nous leur aurions confié ?

L'expérience est un maitre dont il ne faut pas négliger les leçons.

Les évêques ont-ils été jamais conviés à la lutte dans des circonstances plus favorables, plus tentantes que celles que leur offraient les événements dont nous venons d'être les témoins ?

On expulse brutalement des femmes sans défense dont le seul crime est d'enseigner la loi du Christ.

Et ces femmes, qui s'est donc levé pour les défendre ?

Ce sont des laïques, ce sont les paysans bretons qui ont pris les armes comme aux jours de la Terreur, ce sont des femmes du monde qui ont quitté leurs boudoirs pour descendre dans la rue.

Mais, les évêques, leurs protecteurs naturels, qu'ont-ils fait ?

Ils sont restés dans l'ombre, ils se sont « tenus en dehors et au-dessus de la politique » ou bien ils ont puisé quelques larmes au fond de leur écritoire.

Et c'est sur eux que nous compterions pour soutenir les quelques écoles qui nous restent, sur eux qui ont déserté la lutte d'une façon si lamentable, sur eux qui, chargés de défendre l'enseignement religieux, ont été quelquefois les premiers à combler le fossé qui séparait l'école libre du lycée ?

Certes, nous sommes prêts à les suivre quand ils marcheront en avant ; mais si, pour les avoir devant nous, il nous faut battre en retraite, un catholique n'y consentira jamais.

Voilà pourquoi, je crois beaucoup plus sage de continuer à soutenir, comme je l'ai fait par le passé, les comités laïques qui ont maintes fois prouvé qu'ils avaient l'indépendance et le courage nécessaires à l'accomplissement de leur œuvre.

Après le vicomte de Bonald, je prie qu'on veuille bien entendre encore le rédacteur en chef de l'*Autorité*. C'est un homme politique, sans doute ; c'est même un homme de parti ; mais il s'est dit, un jour, et pas tout à fait sans titre, le chevalier de Dieu. Què si, comme journaliste, il est, en quelque sorte, obligé de charger les couleurs, et, dans l'impatience de son zèle, prompt à s'irriter des effacements et des abdications, il faut le lui permettre, ou, si l'on veut, le lui pardonner. Croyez que, vivant à Paris, près du sérail où il n'a pas été nourri, mais dont il connaît les détours, il a ses raisons pour parler fort. S'il voit des chiens affamés se ruer sur l'Eglise, il faut bien crier à la garde, et si elle ne vient pas, maugréer contre. Maintenant quand il voit l'Eglise, sa mère, outragée, chargée de chaînes, les vêtements déchirés, les membres meurtris, que dis-je, violée ! pouvez-vous bien exiger de lui qu'il mesure ses coups et contienne son indignation ? Non, non, pour être un soldat intrépide, il n'est pas nécessaire d'être si sage. Je lui permets même d'encourir les disgrâces, s'il veut sincèrement, comme je le crois, nous sauver.

« Les évêques, dit M. Paul de Cassagnac, pleurent ; les évêques gémissent ; ils écrivent de petites lettres inodores, incolores, remplies de soupirs, se congratulent réciproquement, à l'occasion de ces missives lamentables, et se hâtent de rentrer dans leurs terriers épiscopaux, convaincus qu'ils ont fait tout ce qu'ils devaient faire.

Pas un n'est allé carrément, fièrement, au-devant d'une suspension de traitement, comme cela est arrivé à tant de braves et vaillants petits desservants ; pas un n'a eu le courage d'affronter la prison.

A cette occasion, l'ami Drumont évoque la plus saisissante des comparaisons : il montre la différence entre l'épiscopat allemand et l'épiscopat français, aux heures difficiles de la persécution.

Il y avait pourtant, en Allemagne, un adversaire terrible, et le Chancelier de Fer valait bien Combes le défroqué, au point de vue du caractère et de l'énergie poussés jusqu'à l'atrocité.

Mais rien n'y fit, ni les menaces, ni les sévices.

Le cardinal Ledochowski, archevêque de Posen, résista courageusement au ministre des cultes Falck, digne pendant, en Allemagne, de notre canaille nationale Dumay.

Le cardinal fut poursuivi, condamné, exilé.

Il se sauva au Vatican, où la haine de Bismarck le suivit, allant jusqu'à demander l'extradition.

Mgr Melchers, archevêque de Cologne, se voit infliger six mois de prison ; Mgr Eberhard, évêque de Trèves, fait 300 jours de prison dans sa ville ; Mgr Martin, évêque de Paderborn, subit 100 jours de prison et est interné dans une forteresse, à Wesel. L'évêque auxiliaire de Posen est détenu 21 mois.

Tout est vain : les prélats tiennent bon.

Si le chancelier est de *fer*, ils sont d'acier, eux.

Ils se montrent dignes des grands aïeux, des glorieux confesseurs de la foi.

Et, devant leur admirable exemple, le bas clergé, électrisé, descend à son tour dans l'arène.

La suspension de traitement s'abat sur lui, féroce.

Elle reçoit un nom, nom sinistre, que la France, elle aussi, apprendra bientôt, la « cure de faim », celle que connut Ugolin dans son cachot.

C'est l'équivalent de : « Obéis ou crève ! »

Le banditisme officiel, le banditisme d'Etat, prend le prêtre par le retrait du pain.

C'est infâme, alors là-bas, comme aujourd'hui ici ; mais vainement encore, vainement toujours !

Le petit clergé tient bon.

Et au Landtag, M. de Gerlach raconte ce trait :

« Le dimanche *Lætare*, j'ai entendu un curé catholique qui disait à ses ouailles, à propos de l'Evangile sur la multiplication des pains : « Je ne crains pas la *cure de faim* dont on « nous menace ; j'ai confiance en mes paroissiens et je sais

« que, dans chaque chaumière, il y a un pot-au-feu où je
« pourrai plonger ma cuiller. »

Et M. de Gerlach ajoutait : « Messieurs, sur de tels hommes,
vous n'avez aucune puissance ! »

Quant au peuple catholique, il se montre à la hauteur de
ses évêques et de ses prêtres.

Ils se tenaient tous, du haut jusqu'en bas, et on lit dans
les *Catholiques allemands*, par M. Kannengieser :

« On ne voulait pas que le curé acceptât son traitement
dans des conditions un peu louches. Quand les fidèles sa-
vaient qu'un prêtre avait reçu son allocation du gouvernement, ils le fuyaient jusqu'à ce qu'il eût renvoyé ce gage ou
ce signe de la trahison.

« Toujours de bonne humeur en dépit de leurs épreuves,
ils avaient trouvé un jeu de mots charmant pour désigner
leurs prêtres. Ils les appelaient *Sperrling*, mot qui signifie
à la fois passereau et personne à laquelle on supprime son
traitement. On pardonne volontiers un calembour à des héros.
Les catholiques tenaient à ce que leurs « passereaux » fussent
sans tache, et ils eurent le bonheur d'être exaucés. »

Voilà comment cela se passa en Allemagne.

Le Chancelier de Fer recula.

La persécution fut vaincue.

Les bourreaux durent capituler devant leurs fières victimes.

Quel contraste navrant avec ce qui se passe chez nous !

La lâcheté est partout chez les chefs ; ils tremblent dans
leurs soutanes violettes, tels des fonctionnaires éperdus.

Ils retiennent le courage du bas clergé, empêchent la résistance de se produire, de s'étendre, d'être triomphante.

Pourquoi ?

Parce qu'ils ont donné des gages, ont fait des promesses
pour être nommés.

A de rares et nobles exceptions près, ce sont des pasteurs

qui, d'avance, avaient vendu leurs troupeaux et en avaient promis, et la laine, et la chair.

Cet épiscopat-là, l'abbé Lacordaire l'avait annoncé par un véritable don de prophétie, lorsque, le 20 novembre 1830, il publiait, dans l'*Avenir*, son « APPEL AUX ÉVÊQUES ».

Il disait ces paroles qui devraient être affichées aujourd'hui sur tous les murs de nos palais épiscopaux :

« La nomination de vos collègues dans l'épiscopat est désormais DÉNUÉE DE TOUTE GARANTIE LÉGISLATIVE ET MORALE, DÉSORMAIS LIVRÉE COMME UNE PROIE AUX MINISTÈRES RAPIDES QUI VONT SE SUCCÉDER. »

Que veulent vos ennemis du pouvoir ?

« La DÉVASTATION PROGRESSIVE DE L'ÉPISCOPAT et de l'enseignement, l'OPPRESSION du clergé français du second ordre par UN CLERGÉ SUPÉRIEUR DE LEUR CHOIX. »

L'œuvre criminelle est commencée :

« Ils ont parcouru de l'œil vos têtes blanches dans les misères précédentes ; ils ont compté vos années et ils se sont réjouis, car le temps de l'homme est court. A mesure que VOUS VOUS ÉTEINDREZ, ILS PLACERONT SUR VOS SIÈGES DES PRÊTRES HONORÉS DE LEUR CONFIANCE, DONT LA PRÉSENCE DÉCIMERA VOS RANGS SANS DÉTRUIRE ENCORE L'UNITÉ. Un reste de pudeur s'effacera plus tard de leurs actes ; l'ambition conclura sous terre DES MARCHÉS HORRIBLES et le dernier de vous, mourant, pourra descendre sous le maître-autel de sa cathédrale avec la conviction que ses funérailles SERONT CELLES DE TOUTE L'ÉGLISE DE FRANCE. »

Sont-ce là des paroles exagérées ? Non.

« *L'épiscopat qui sortira d'eux est un épiscopat jugé. Qu'il le veuille ou non, il sera traître à la religion... D'accord en un seul point, les évêques nouveaux plieront leur clergé à une soumission tremblante devant les surprises les plus insensées d'un ministère ou d'un préfet ; et, dans cette Babel, la langue de la servilité est la seule qui ne variera pas... Après vous avoir déshonorés dans l'esprit des peuples, ils vous livreront un jour faibles et divisés entre les mains du pouvoir, qui re-gardera comme une grâce de vous donner la vie en échange de votre conscience. A l'infamie succédera le schisme. Le peu d'hommes restés fidèles à la dignité de leur sacerdoce, victimes longtemps de ceux qui devaient être leurs protecteurs, fuiront enfin une terre maudite et iront féconder de leurs larmes des champs lointains... »*

C'est effrayant.

Mais comme c'est exact !

Impossible de tracer un tableau plus poignant, plus vrai.

Lacordaire, avec son œil d'aigle, avait prévu.

Nous, nous avons vu.

Nous sommes plus à plaindre que lui.

V

Ceci dit, avec réserve, si l'on veut, et sans entrer dans ces objurgations, il faut convenir que la série des actes épiscopaux contre la proscription des religieuses, ne constitue pas un formidable appoint. Si nous comparons ces actes aux actes des évêques en 1880, en 1845, en 1828, en 1763, il nous semble que sous le triple rapport de la science, de l'action et de la bravoure, il n'y a pas progrès. La question de droit divin n'est pas indiquée ; la question de droit naturel et de droit positif, civil et canonique n'est traitée qu'à vol d'oiseau ; la grande question d'histoire sur la formation de la femme catholique par l'école et son rôle dans l'histoire, je ne vois cela nulle part. Procédons par hypothèse, je suppose que cette question ait été posée en 1850, par la seconde république, le cardinal Gousset parle avec sa savante théologie ; Parisis eût fait retentir les oracles du droit ; Pie eût disserté éloquemment du rôle des femmes surtout depuis un siècle ; Plantier, Berthaud eussent sonné de leurs trompettes d'argent ; et Dupanloup, avec des brochures échauffées, eût fait écho aux indignations publiques et mené campagne avec fracas pour l'honneur de la femme française. J'écoute, je regarde, rien. Au moment où j'écris ces lignes, 12 octobre 1902, on me dit que les évêques, par un acte collectif, vont saisir la Chambre d'une protestation où seront présentées toutes les

justes revendications de ia sainte Eglise. A la bonne heure ;
et si cela est aussi bien qu'on le dit, sans marchander une
minute, je convertis mes regrets en applaudissements. Mais
il faut bien nous persuader que la guerre, lorsqu'elle est dé-
clarée, ne comporte pas cessation de combats ; sauf le cas
d'armistice pour traiter de la paix. La paix, nous en sommes
loin. Dès lors, aux armes et en avant toujours.

Celles que la foule, d'un nom charmant, appelle les sœurs,
se divisent en trois branches, les contemplatives, les hospitalières et les institutrices. Les contemplatives sont des victimes
expiatrices ; les hospitalières assistent toutes les misères de
l'humanité : « l'assistent, disait Dupuytren, ayant du cœur
jusqu'au bout des doigts » ; les institutrices forment la femme
française. Ce sont des princesses, dit M. Jean de Bonnefon ;
ce sont des princesses, en effet, que ces religieuses de l'enseignement primaire, secondaire ou supérieur, qui vont quitter
le sol dont elles firent la gloire, puisqu'elles en formèrent les
femmes, inspiratrices de beauté, anges de bonté, aides de
l'homme dans toutes les sphères de sa rayonnante activité.

« Qu'elles s'appellent, dit cet ingénieux et pittoresque pu-
bliciste, qu'elles s'appellent Ursulines, Religieuses de Notre-
Dame, Religieuses du Sacré-Cœur, Sœurs de la Visitation
ou d'autres noms encore ; qu'elles élèvent les filles du faubourg populeux ou de l'aristocratique Faubourg, elles ont les
mêmes lettres de noblesse.

« Elles descendent des religieuses d'autrefois qui créèrent
la femme moderne, ce chef-d'œuvre du christianisme.

« Elles descendent de cette sainte Gertrude, contemporaine
de Dagobert, qui savait les Saintes-Ecritures par cœur, les
traduisait du grec, et envoyait chercher des maîtres en Irlande pour enseigner la musique et la poésie aux vierges
cloîtrées de Nivelle.

« Elles descendent de sainte Hildegarde qui écrivait, en un
siècle barbare, sur la constitution physique du globe et sur
les lois de la nature.

« Elles descendent de sainte Elisabeth de Schenawage qui dictait aux siècles des pages immortelles sur la Logique.

« Elles descendent de Catherine de Sienne, qui partage la gloire des plus glorieux écrivains.

« Elles descendent de la religieuse Lioba, aimée de saint Boniface « à cause de la sûreté de son érudition », de Lioba, qui fondait l'abbaye littéraire de Bischofsheim, une école normale de l'époque.

« Elles descendent de Roswitha, religieuse qui faisait la première pièce de théâtre en langue vulgaire.

« Elles descendent de ces femmes illustres de l'abbaye de Saint-Gall, qui poussaient au dernier degré la science du grec et que l'on conviait aux délibérations des conciles, pour avoir la sûreté des textes.

« Elles descendent de sœur Herrade, qui étonnait son temps par le renouvellement de la cosmologie.

« Elles descendent de Catherine de Bologne, la plus délicieuse des miniaturistes, qui peignait des chefs-d'œuvre autour des livres immortels, qui composait de la musique et perfectionnait les instruments.

« Elles descendent de sœur Elisabeth Sirani, un des plus grands maîtres de l'école bolonaise.

« Il est certain qu'au VIIe et au VIIIe siècle, les hautes études, comme nous dirions aujourd'hui, étaient poussées plus loin dans les couvents de femmes que dans les monastères d'hommes.

« Les moines cultivaient la terre et faisaient la guerre avant de s'enfermer dans la bibliothèque ou d'errer silencieusement dans le cloître. Les hommes barbares ne devinrent pas des lettrés, à la première génération abbatiale.

« Les femmes, elles, se livrèrent à l'étude dès la première aurore de la vie monastique. Elles furent les grandes maîtresses de l'art renouvelé, les premières initiatrices de la poésie retrouvée. Dans les hymnes de Fortunat, de ce moine qui fut plus doux que Virgile et plus poète qu'Homère, on sait quelle fut la collaboration de sainte Radegonde.

« On sait la vie et les travaux de cette abbesse-reine qui avait transformé les écoles du monastère de Poitiers en véritables académies. On les connaît ces grands labeurs d'une grande femme par une humble religieuse, Baudonovia, qui écrivit de sa maîtresse et supérieure, une vie qui demeure chef-d'œuvre après les siècles entassés sur le parchemin aux larges ornements.

« Elle est donc exacte, l'image romantique qui représente la société moderne « élevée sur les genoux de l'Eglise ». Et ce furent des femmes, des religieuses qui furent les premières éducatrices du monde qui va aujourd'hui les chasser.

« Ceux qui ferment aujourd'hui les couvents où les femmes donnent l'enseignement, au nom de Dieu, feront à la génération prochaine l'effet que nous produisent à nous les révolutionnaires de 1793, occupés à briser, sous prétexte de libre-pensée, les trésors et les orfèvreries de nos cathédrales.

« Détruit, ce grand passé des religieuses enseignantes deviendra une lueur mystérieuse et impressionnante. Nous avons assisté à ce spectacle naturel et curieux d'une génération irréligieuse. Nos neveux assisteront au spectacle non moins naturel d'une Renaissance religieuse préparée par l'enseignement universitaire.

« Quand les religieuses seront parties depuis longtemps, il se trouvera des professeurs pour les louer historiquement dans les lycées de filles et les élèves apprendront alors à regretter les bonnes sœurs disparues.

« Il viendra un jour où les constitutions des anciennes communautés seront lues en classe laïque, comme des modèles de sagesse. Tous les instituts enseignants de France sont établis sur les principes du pape Paul V :

« Les sœurs, quel que soit leur titre, doivent instruire les filles en la piété et en la vertu chrétienne... doivent leur apprendre à pratiquer les œuvres de miséricorde, à avoir soin de leur maison et à se bien acquitter de leur devoir. »

« N'est-ce pas là toute la science de la vie ? Et le *féminisme* moderne ne peut-il pas tenir à l'aise dans cette vaste formule ?

Paul V ajoute :

« Et afin que les filles soient attirées à cette institution et détournées des écoles hérétiques ou gâtées, on leur apprendra à lire et à écrire, et à travailler en divers ouvrages d'aiguille et tout ce qui convient à une jeune fille bien née pour son éducation. »

« A la suite de cette phrase : *tout ce qui convient*, n'y a-t-il pas place pour les progrès, les perfectionnements et les modernités les plus modernes ?

« Le mot de gratuité paraît, dans ces derniers temps, le pivot de l'enseignement laïque. Venez admirer la grande nouveauté, crient tous les prêcheurs du lycée féminin. Or, la gratuité naquit, il y a une douzaine de siècles, dans les couvents. Pas un monastère de femmes qui n'eût son école gratuite à côté de l'école payante. L'une entretenait l'autre. La petite fille pauvre et la petite fille riche avaient même toit, même chapelle, même doctrine. L'Etat n'a pas fait mieux et n'a pas créé l'égalité. Le lycée reste payant à côté de l'école communale gratuite. Les aristocraties se déplacent, mais demeurent. Les fossés ne se comblent que par le creux d'autres fossés !

« Je sais bien ce que les ennemis des sœurs enseignantes objectent :

— Oui, l'enseignement congréganiste fut grand dans le passé. Mais il est en pleine décadence.

« Et il s'est trouvé une virago de sacristie, une défroquée d'âme sinon de fait, une religieuse à bas bleus, pour donner à cet argument l'appui du costume qu'elle portait sur le dos et de l'intrigue qu'elle avait dans l'esprit.

« Mais un fait répond à cette imagination : les attaques dirigées contre les sœurs enseignantes prouvent la supériorité de leurs méthodes. On ne ferme que les concurrences dangereuses. Si l'enseignement des sœurs est à l'agonie, il serait au moins adroit de le laisser mourir sans secousse. On assassine rarement ce qui est mort. Ceux qui violent les tombeaux mal clos s'appellent des vampires. Si les congrégations enseignantes sont en pleine décomposition, on pourrait peut-être danser sur leur cadavre. On ne s'amuserait pas à soulever l'émeute pour écraser des mortes, eussent-elles eu le sublime reflet que donne la mort à celles qui furent belles longuement et bonnes surtout. »

VI

Avant de finir, nous voulons appeler l'attention du lecteur sur la gravité de cette question des sœurs enseignantes.

Le premier fait qui frappe notre esprit, c'est que la multiplication de ces religieuses est un des particuliers mérites du xixe siècle et qu'il doit être pris comme signe des miséricordes de Dieu sur la France.

D'abord il faut apprécier, par son côté surnaturel et divin, la mission de ces précieuses servantes de l'Eglise : pour l'enseignement du peuple, ce sont les substituts du prêtre. Au prêtre, il a été dit : Allez, enseignez. Mais impuissant à distribuer, par lui-même, la céleste doctrine, aux agneaux de son bercail, il appelle à son secours cette faible et timide vierge. Quelquefois elle est née dans un château, plus souvent dans une chaumière ; il n'importe. Le prêtre lui impose les mains, la couvre d'un voile et lui dit : allez, enseignez. Et elle va et elle enseigne, cette humble et courageuse vierge. Non pas comme ayant puissance ; non pas comme les scribes et les pharisiens ; je veux dire que ce n'est pas un emploi humain qu'elle remplit ; elle n'est pas la mandataire, la déléguée de l'autorité séculière. C'est une œuvre spirituelle qu'elle accomplit, c'est un apostolat qu'elle exerce, une appartenance directe et subordonnée du sacerdoce.

Aux yeux du chrétien intelligent, dans l'école de cette humble vierge, tout est divin. L'alphabet lui-même apparaît comme une sorte de sacrement. Sous l'écorce des lettres et des syllabes, c'est le Verbe de Dieu apparu en ce monde, que ces épouses de Jésus-Christ s'appliquent à faire entrer dans l'âme des enfants. La personne de ces écoliers et de ces écolières devient, à nos yeux, celle de Jésus lui-même, suivant cette parole de Jésus-Christ : « Quiconque reçoit un de ces petits enfants, me reçoit. » L'école elle-même se transforme en une sorte de sanctuaire. C'est une maison déjà bénie par la présence de ces innocentes créatures, à peu près comme certains vases seraient consacrés par le seul contact qu'ils auraient eu avec nos adorables mystères. Enfin les religieuses sont les anges gardiens de ces petits dont le Seigneur a dit qu'ils voient sans cesse la face du Père qui est aux cieux. Qu'est-ce à dire ? Est-ce que tous les anges gardiens ne jouissent pas en même temps de la vision béatifique de Dieu ? Oui, mais les anges des enfants ont ce privilège qu'en outre ils retrouvent Dieu dans l'âme innocente de ces petits, où son image se reflète comme dans un miroir fidèle. Qu'elles doivent donc être heureuses, ces chères sœurs, d'avoir affaire à des âmes dont la transparence, à peine obscurcie par le premier souffle du mal, laisse facilement apercevoir la face du roi des cieux.

Dans tous les temps, chez tous les peuples, il y a eu des religieuses enseignantes. Toutefois c'est une chose nouvelle dans notre siècle et dans notre pays, cette floraison universelle des congrégations enseignantes de femmes et leur répartition par petits groupes dispersés sur la surface de tous les diocèses. Pourquoi ?

Le puits d'où sont sorties toutes les erreurs pour envahir le monde et en essayer la conquête, a été creusé par Luther. De ce puits de l'abîme sont sortis des tourbillons de fumée qui ont voilé le ciel et asphyxié la terre. De là tous ces monstres d'hérésie qui ont altéré ou nié tous les articles du symbole catholique ; qui ont altéré ou nié même les vérités naturelles qui constituent le symbole de la raison. Toutefois, dans la diffusion de ces erreurs, dans leur propagande corruptrice, il y a une espèce de loi qui préside historiquement à leur expansion. Le protestantisme, qui est une hérésie aristocratique, explicable seulement pour des gens d'une haute culture intellectuelle, s'est adressé d'abord aux princes et aux nobles qui lui ont fait généralement bon accueil. Des nobles, l'impiété s'est communiquée à la bourgeoisie ; de la bourgeoisie elle est descendue dans le peuple. Cette descente de l'impiété dans les masses populaires ne date guère que de 1789 ; les progrès de la corruption des multitudes ne s'accuse que depuis 1830, du moins parmi nous, en France.

Depuis lors, à tous les degrés de l'échelle sociale, le vice dominant de notre société, c'est le désir effréné de paraître et de jouir. On le dit partout et tous les jours ; les plus atteints du mal ne sont pas les derniers à s'en plaindre, s'il porte atteinte à leur sécurité. Nul n'est satisfait de sa condition ; le déclassement prend des proportions effrayantes ; la vie paisible des champs est dédaignée, et la noble simplicité de la chaumière rustique est abandonnée pour les bas-fonds des cités, d'où sortent, à tout instant, des complots contre l'ordre public.

Mais si la cupidité, l'égoïsme, la soif de l'argent, des emplois, des honneurs et des plaisirs forment le trait le plus saillant de nos mœurs actuelles, il faut le dire, ces maux ne sont que la conséquence d'un autre mal qui en est le principe. La doctrine, trop souvent impuissante à réprimer les passions, lorsqu'elle est pure, comment n'enfanterait-elle pas des monstres, lorsqu'elle se fait l'humble servante des appétits et l'ignoble pourvoyeuse de la chair ? L'hérésie du xvie siècle, la fausse philosophie du xviiie, amalgamées et combinées avec les principes les plus destructeurs de la Révolution, sont, depuis un siècle, réduites en corps d'enseignement public, triste pâture de presque toutes les intelligences. La philosophie, dit-on, va supplanter l'Evangile ; l'Etat, dispensateur de toute instruction, doit être substitué à l'Eglise ; et le sacerdoce laïque va remplir, à son tour, le ministère spirituel des âmes à la place du vieux sacerdoce du Christ.

La conséquence naturelle de ces doctrines et de ces mœurs, c'est l'apostasie ; c'est l'extermination des chrétiens, la fermeture des églises, c'est l'école suffisant aux destinées du genre humain, mais pour le malheur de la France.

Or, dans cette société envahie par le matérialisme, depuis un siècle, le rôle glorieux des femmes françaises a été de défendre la religion et l'Eglise. Nous avons eu des souverains illustres, des conquérants célèbres, des guerriers intrépides, des savants, des lettrés, des philanthropes. Mais, quand ce siècle, rempli de toutes les célébrités, est arrivé au milieu de sa course, ces hommes n'avaient négligé qu'une chose : Dieu et sa loi, Jésus-Christ et son Eglise. Mais, en même temps, il s'est trouvé que cette société, si satisfaite d'elle-même, était au bord d'un abîme, tel qu'il ne s'en était jamais creusé aucun sous les pas d'une société chrétienne. Alors on a entendu retentir un grand cri d'épouvante. Puis cherchant d'où pouvait venir le salut, on a proclamé que l'unique ressource désormais était la religion ; que les principes chrétiens, l'accomplissement pratique des devoirs chrétiens pourraient seuls conjurer la ruine générale. Depuis cinquante ans, les femmes avaient donc raison. Les femmes pour lesquelles on avait laissé les temples debout (sans elles, les hommes les eussent laissé tomber : ils n'y allaient jamais) ; les femmes avaient empêché le nom de Dieu et son culte de périr sur la terre. En conservant dans leurs cœurs la pratique de la religion de Jésus-Christ, elles avaient donc empêché la religion de périr et empêché, par suite, la ruine de la France.

A qui devons-nous, depuis un siècle, le salut par les femmes ? C'est aux congrégations enseignantes. Dieu qui ne manque jamais à son Eglise, et qui ne manquera à la France que quand elle l'aura rejeté sans retour, Dieu a multiplié les vocations féminines. Ce qui n'a commencé qu'avec notre siècle, ce qui ne s'est produit du moins dans d'aussi vastes proportions que chez nous et de nos jours, ce sont ces innombrables familles de Sœurs qui, fondées depuis soixante ou quatre-vingts ans, quelquefois moins, se sont répandues, jusque dans les quartiers les plus délaissés des villes, et jusqu'au fond des campagnes les plus abandonnées, pour y prendre soin des malades et y instruire les enfants. Toutes ont le même esprit ; toutes vont au même but.

Combattre, expulser, proscrire ces congrégations religieuses de femmes, c'est tarir en, France, la source de l'héroïsme, c'est effacer un type de grandeur, c'est travailler bravement à l'abaissement de la nation. Ah ! s'ils avaient trouvé cela sur les terres cuites de Babylone ou sur les papyrus de l'Egypte ! s'ils avaient découvert, dans les hypogées des temps antiques, les règles d'une de ces congrégations religieuses, que Platon eût admirées, nos intellectuels seraient ravis de la découverte et, dans leurs académies, ils prôneraient ces femmes admirables qui portent dans les plis de leurs robes, ou plutôt sous leur blanche cornette, la bénédiction de la France. Mais ils ont trouvé, dans l'Evangile, ces merveilleuses créations ; ils les ont vues s'échelonner le long des siècles, se passant le flambeau de la civilisation. Et eux, qui font la guerre au cléricalisme ; eux qui, sous ce mot d'ordre hypocrite, veulent effacer Dieu, ils ont crié sus aux Sœurs !

Il ne faut pas se faire d'illusion, nous dit ce matin l'un de ces sectaires. « La loi du 1er juillet 1901, sur les associations, a tout simplement pour but la suppression des congrégations religieuses ; » c'est, par conséquent, la ruine, morale et sociale, de la France.

Grâce aux congrégations religieuses, les femmes nous ont sauvés jusqu'à présent ; sans elles, ne vont-elles pas contribuer à nous perdre? Ne se trouverait-il pas, dans la génération nouvelle, dès à présent, un trop grand nombre de jeunes femmes qui n'ont point hérité de la forte vertu, de la pieuse abnégation, de la gravité de mœurs et de langage qui brillaient dans leurs devancières ? Parce qu'elles doivent se mêler au monde pour le sauver, n'en ont-elles pas pris occasion de s'embarquer trop avant? Ce sont là des tendances à corrompre et à défigurer de plus en plus le christianisme. Les âmes s'amollissent, les caractères tombent. Tandis que plusieurs ont abandonné totalement Jésus-Christ, d'autres ont entrepris d'associer ce qu'il y a de plus inconciliable. Convives, l'une après l'autre, à la table des anges et des démons, elles paraissent le matin, dans les temples, vêtues d'un voile austère, le soir, elles se produisent au théâtre et dans les sociétés mondaines, parées avec une indécence dont il n'y a des échantillons qu'aux plus mauvais jours de l'antiquité païenne et dans la dissolution générale qui précède nos dernières catastrophes.

Que deviendront ces femmes quand les religieuses ne seront plus là, pour leur mettre sous les yeux le type de la grandeur féminine et pour élever leurs enfants? De la femme, comme du Sauveur, on peut dire qu'elle est placée pour la ruine ou pour la résurrection de plusieurs en Israël. Si elles désertent la résurrection, elles ne seront plus que des agents de ruine. Les enfants imiteront leurs mères. La proscription des religieuses, envisagée à ce point de vue, fait trembler. Il n'y a point de maux qu'elle n'entraîne ; il faut s'attendre à tout. *Imus, Imus, præcipites.*

A certaines heures, l'histoire n'est plus qu'un écroulement.

Saint-Amand (Cher). — Imprimerie BUSSIÈRE.